Gaun Yersel Moses!

A Lighthearted Trip through the Old Testament
in Glaswegian Verse

by Tom C White

Illustrations by Iain Campbell

Scottish
Christian PRESS

First published in Great Britain
In 2003 by Scottish Christian Press
21 Young Street
Edinburgh EH2 4HU

ISBN 1904325076

Illustrations by Iain Campbell
Cover design and book layout by Heather Macpherson

Printed and bound in the UK by Datacolor Imaging Ltd

Dedication

For Mel, Abi and Amy - it's probably all you'll ever get.

About the author

See that Tam White? He couldnae run a menage![1]
Wants tae be a writer an performer an that, naw? Well,
he's been at it since nineteen-canteen[2] an done
heehaw[3]! An noo he's goat the nerve tae ca' himsel a
Weegie - an him frae Embra! His heid's fu o mince![4]

Tom White, though born and bred in Edinburgh, now
lives in Glasgow - albeit Kelvinside - and has become
an unashamed 'Weegie'. He has a wife, three
daughters and two grand-daughters, all of whom are
considerably smarter and more attractive than him,
and has reached the stage in his life when he is
reluctantly having to come to terms with qualifying for
free prescriptions and winter heating allowances.
Despite this, and after having worked as an electronics
engineer, general manager, self-employed business
consultant, and retailer of fine art prints, he still clings
to his childhood dream of making a name for himself
as a writer and performer - and now read on...

---

[1] '..couldnae run a menage': indicates that the organizational skills of
the person being spoken about are not highly regarded.

[2] 'Nineteen-canteen': any undefined time in the distant past.

[3] 'heehaw': nothing at all.

[4] '...his heid's fu o mince': his head is full of nonsense.

Contents

Introduction

This 'wee dauner' through the Old Testament in 'Glesgaspeak' verse, started many years ago in Lenzie when I was invited to perform a party piece (or two…) at a friend's party. Several weeks previously, I had seen an old black-and-white film clip of Charles Laughton reading the dramatic Daniel Chapter 3 from the King James Authorised Version of The Bible. This really knocked me out, and I had taken to wandering around the house reading aloud from Daniel 3 in Laughton's style. This would be one of my two party pieces! I decided that for my second 'turn' I would read my own version of the story, but in rhyme and in West of Scotland vernacular. This proved to be a big hit (or so I like to think).

This party became an annual event, and each time I was invited, I composed one or two more poems about Old Testament characters until eventually I had covered all of the well-known people and events.

In 2000, I decided to stage the entire collection of poems as a one-man show at the Glasgow West End Festival under the title 'Gaun Yersel Moses!'. The show was a great success and I then appeared in the Edinburgh Fringe that year. I have since performed it again at the 2001 Glasgow West End Festival, and I now perform 'Moses' on a regular basis for churches and groups throughout Scotland.

When writing these poems, I tried to remain as true as

possible to the original text. Poetic licence abounds, of course, but there are two particular examples of this perhaps being taken to excess. In the story of David and Goliath, there is one section that is strictly non-canonical - I simply made it up! You do not need to be a Biblical scholar, I am sure, to tell just which bit is wholly mine. And almost the entire contents of 'The Wa's o Jericho' are fictitious. But in both cases, I hope that the concluding 'morals', as with all of the other poems, are true to the spirit of the Old Testament tales. You can always, if you wish, re-read the original stories to confirm whether or not this is true. Indeed, I very much hope that you will.

Tom C. White

Prologue

If ye're sittin quite comfy Ah'll tak ye
Back tae Sunday School days fur a while,
Tae relive the glories
O great Bible stories -
But telt in the Glesgaspeak style.

We'll go tae the Garden o Eden,
Whaur Adam and Eve started slippin,
Efter havin a fight
Wi the Lord, ower a bite
That they took frae a wee Cox's Pippin.

And then we'll move oan tae auld Noah,
And learn o the hullabaloo,
When he floated away
Wi his family wan day -
And the contents o Calder Park Zoo!

Joseph the Dreamer's the next wan,
Who frae jail made a speedy departure,
And went frae disgrace
Tae assume the top place -
So eat yer hert oot Jeffrey Archer!

We'll hear quite a lot aboot Moses,
Who led the Jews tae their new hame.
The Red Sea he crossed over,
Wi help frae Jehovah,
And really pit CalMac tae shame.

Ma poem aboot Joshua's triumph
Might leave ye a trifle perplexed,
Fur it's really pathetic
The licence poetic
That Ah've taken here wi the text.

But the tale aboot Samson is kosher.
He didnae hauf tan a few hides.
Until he fell victim -
Delilah, she tricked 'im
By giein him a short back and sides.

How David defeated Goliath,
Ah've embroidered a bit, as ye'll find.
Tho' it doesnae diminish
The story's true finish -
Goliath stoned oot o his mind!

But there's nae licence taken wi Shadrack
Or his mates, and ye huv tae admire them,
Fur the King hud set oot
Tae reduce them tae soot
But discovered he just couldnae *fire* them!

The last oan the list is auld Jonah,
Who wis inside a whale, as ye ken.
And he felt kinda queer,
Fur he swore he could hear,
Vera Lynn singin 'Whale Meat Again'!

So now ye know just whit ye're in fur.
But behind aw the jokes and the puns,
Is some serious thought
Aboot just how we ought
Tae respond as God's daughters and sons.

Fur Jehovah's no just in the Bible.
He's oor Faither in Heaven as well.
So praise Him and serve Him,
And show ye deserve Him
By getting tae know Him yersel.

Just dip in and oot o the stories.
And tak them in large or sma' doses.
But how e'er ye deploy it,
Ah hope ye enjoy it -
Ma wee book called: *'Gaun Yersel Moses!'*

Adam and Eve

(Based on Genesis Chs 2 - 3)

When God hud made the Universe,
And He hud done His best,
He sat back oan His hunkers fur
A well deserved wee rest.

'It's awfy good,' He said aloud,
'It matches tae the plan.
But just tae add the final touch,
Ah think Ah'll make a man!'

And so He fashioned Adam frae
The clay upon the ground.
He placed him in a garden and
He kept him safe and sound.

But Adam said tae God wan day,
'Things are no too well!
Ah feel like Ah'm in prison,
Fur Ah'm always in masel!'

So next time Adam nodded aff,
The Lord created Eve.
It truly wis a miracle -
He'd nothin up His sleeve!

Well, Adam wisnae half impressed
When Eve next day he met.
'Dear Lord,' he said, 'This hus tae be
Yer best creation yet!'

So Adam he wis truly blest,
More than ony other,
Fur he goat himsel a lovely wife
Who didnae hae a mother!

Then God said, 'Huv a rerr wee time.
Exercise yer thrapples.
But just remember wan wee thing -
Ye're no tae eat the apples!'

So aw went well fur just a while,
But then the Devil came.
In just two ticks he'd tempted Eve,
Fur wives are aw the same.

Then Eve, tae make her conscience clear,
Took every chance she saw,
Tae try tae get her auld man too
Tae disobey God's law.

But Adam said, 'Ah'll no gie in.
Ah've telt ye wance before.
If Ah should eat an apple
Ah'd be rotten tae the core!'

But Eve said, 'Dinnae be sae daft!
Trust yer kin and kith.
Fur goodness sake it cannae hurt
Tae eat a Granny Smith!'

Well, night and day, Eve harped at him,
Her naggin widnae cease,
Until at last he took a bite
Tae get a little peace.

'Ye've disappointed Me,' said God.
'Ah thought ye wir Ma mates.
It sharely wisnae much tae ask
Tae stick tae figs and dates!

'And so Ah'll huv tae punish ye,
Although it breaks Ma heart.
Ye broke Ma law, ye see,
And that upset the apple cart.'

So that is how Man came tae sin,
And mothers fur tae greet.
Fur ever since then Man hus hud
Tae toil tae make ends meet.

And yet Man still hus never learnt
Tae use the heid at aw.
He still continues tae rebel,
And disobey God's law.

And even when God sent His Son,
Tae banish all discord,
Still people listened tae the mob
Instead of tae the Lord.

And so, whenever God's involved,
Whatever Man might say,
It's no fur us tae question why -
But simply tae obey!

Noah

(Based on Genesis Chs 6 - 9)

When Noah wis a hunner,
He still wis just a lad.
'Cos he lived fur near
A thousand year,
Which really wisnae bad!

He didnae start a family
Till youth hud passed its flush.
Just 'play it cool'
Wis Noah's rule,
Fur he wisnae wan tae rush.

Ah'm telt he wis five hunner,
When Shem wis oan his knee.
And then when Ham
Wis oot the pram,
Wee Japheth made it three.

In they days men wur wicked.
Ignorin aw God's laws.
And it got so bad
It made God mad,
And no withoot guid cause.

And so the Lord decided,
Since man wis such a dud,
He'd cause them aw,
Baith great and sma,
Tae perish in a flood.

But then He noticed Noah,
Who always paid his subs.
A great wee bloke,
Who didnae smoke,
And stayed away frae pubs!

So God decided in his mercy
He wid save his life.
His family too
Wid see it through -
Includin Noah's wife.

God telt him, 'Build a vessel.
Use the tree's stout bark.
We'll make a boat,
That's gaunae float,
And we'll call the thing an ark!

'And now Ah'm gaunae tell ye,
Just whit ye've tae do.
And if ye dae
Just as Ah say,
We'll hae a floatin zoo.

'Fur Ah want you tae bring back,
Frae your safari trip,
Two at least
O every beast,
And pack them in the ship!'

'Ah don't believe Ye're serious.'
Said Noah wi a laugh.
'A burd or two
Wid surely do,
But no a big giraffe!

'And if Ah might continue,
Tho' Ah dinnae want tae rant,
But Ah see the sense
In ducks and hens,
But no an elephant!'

God said, 'Just do as Ah say.'
But Noah wisnae keen.
'Dae Ye no just think
The thing might sink,
And be a submarine?'

God answered, 'Trust Me, Noah.
Ah'll never let ye doon.
Just simply do
As Ah tell ye to,
And Ah promise ye'll no droon.'

And so the ark wis built tae plan,
His wife and bairns the crew.
Beasts fat and thin
Wur packed within -
And the family goldfish too!

Ere long the deluge started.
There wis nae place tae hide.
The rain just poured,
The wind just roared -
Like summer oan the Clyde!

And aw the earth wis flooded.
Submerged beneath the deep.
The world wis ended,
Life suspended,
It made poor Noah weep.

But finally the waters ebbed,
The flood wis drained away.
And life began
Again fur Man,
Upon that glorious day.

Then Noah and his family,
Saw a rainbow through the rain.
The colours meant
God's wrath wis spent,
And Man could start again.

And yet we ken there always
Will be folk who'll go astray,
And seek reward
Withoot the Lord,
And gang their ain sweet way.

But tho' Man tries, he'll never find
The gold at rainbow's end.
Fur Noah showed
Salvation's road,
Is just tae be God's friend.

Joseph – Part One:

The brothers take the hump

(Based on Genesis Ch 37)

A long time ago
Lived a fella named Joe,
Or Joseph, tae be quite precise.
And Jacob, his dad,
Wis a bit o a lad,
Huvin weans like the Chinese huv rice!

Fur Jacob, Ah gather,
Wis twelve times a father
And should, ye'd huv thought, been the best.
And no need advice
Tae be equally nice
Tae each wan, as much as the rest.

Fur those who huv weans
Ken ye're bound tae get pains
If tae maist ye're a rank martinet,
But tae wan ye're quite kind -
Then the others combined,
Wull start knockin lumps oot o the pet!

But that's just whit he did.
Fur his favourite kid
Wis wee Joe, and he telt everyone,
That his wrath he'd expose if
They ever harmed Joseph -
His precious penultimate son.

Fur Joseph, ye'd soon know,
Wis Numero Uno.
His faither's unique pride and joy.
And ye'd huv tae be deif
Tae no hear Jacob beef -
Sotto voce, of course - 'That's ma boy!'

And tae make matters worse
Jacob wisnae averse
Tae giein Joseph a gift wance or twice.
Like a coloured sarong,
Since made famous in song
By Messrs Lloyd-Webber and Rice.

And Joseph himsel
Didnae help awfy well
When he started tae huv the odd dream,
Which seemed tae suggest
That he'd turn oot the best,
And end' up oan tap like the cream.

Noo, ye've oft heard it said
That the last straw that's laid
Oan the back o the camel, is just
The wan that perhaps
Caused the spine tae collapse,
Reducin the camel tae dust.

Well, the dreams Joseph hud
Simply unleashed a flood
O resentment, amangst aw his kin.
Tae such an extent
That, wi evil intent,
They decided tae dae the lad in!

A plan wis approved
Tae huv Joseph removed,
When he wis oot checkin the sheep.
And efter the hit
He'd be thrown doon a pit,
Which, despite bein dry, wis quite deep.

But Reuben declared
That Joe should be spared,
And that murder wis highly dramatic.
Fur he wisnae willin
Tae countenance killin
Just 'cos Jacob wis undiplomatic.

But they wanted him dead.
So Reuben instead
Suggested they leave it tae fate,
And fur Joe tae be put
Doon the well, wi a boot,
And fur them tae go hame and just wait.

But Reuben's intention,
Which he didnae mention,
'Cos things fur wee Joe looked quite bad,
Wis tae sneak back at night
Tae save Joe frae his plight,
And send him safe hame tae his dad.

So the brothers agreed
That wis how they'd proceed,
And Reuben went aff wi a wave.
But then wan o the guys
Said, 'Hey fellas - get wise!
We could sell Joseph aff as a slave!'

So that's just whit they did.
And they goat a few quid
Frae some Ishmaelite travellin folk.
But oan Reuben's return
Frae his evenin sojourn,
They could see that fur him t'wis nae joke.

Fur he said in despair,
'The auld man wull go spare!
And it's garters he'll make frae ma guts!
So ye'd better produce
A right stoatin excuse,
Tae stop the auld guy goin nuts!'

So they killed this wee goat,
And then took Joseph's coat
And spread blood ower it everywhere.
Therefore, when they showed
The auld fellow the robe
He would think that his son wis nae mair.

Noo, ye might think this stuff
Wid be mair than enough,
Joe's dreams and ambitions tae smother.
Ah suppose ye might say
That its equal today
Is like voted oot first in *Big Brother*!

But God hus a plan
Fur each wumman and man,
Tho' so often it's no very clear.
Fur the times we conclude
Things are no goin too guid,
Are the times when God moves intae gear.

So, although Joseph felt
Life hud gied him a belt,
And his dreams wur quite obvious lies,
Events wur tae prove
That his forceable move
Wis a blessing in heavy disguise.

And how that came aboot
Ye wull surely find oot,
In the story of Joseph - Part Two.
But Ah'll no hit the road,
And wrap up this wee ode,
Withoot leavin a moral fur you.

And whit springs tae mind
Is that tho' ye might find
That yer life fa's apart at the seams,
And ye ken ye've no goat
A wee nice coloured coat,
Because that's just the substance o dreams.

Just remember ye're wan
O the parts o God's plan,
And He's goat a finale fur you.
So dinnae take fright
If ye wake up wan night
Tae find all o yer dreams huv come true!

Joseph - Part Two:

Daein time

(Based on Genesis Chs 39 - 40)

We start aff Part Two
Wi the Ishmaelite crew
Arrivin in Egypt's fair land.
Wi Joseph in tow,
Whom they'd bought, as ye know,
Frae his unfriendly brotherly band.

So they quickly set out
Oor Joe fur tae tout.
And their timing wis most opportune.
Fur they knew very well,
That a good slave wid sell
Like a big daud o ice cream in June!

So it didnae take lang
Until wan o the gang
Announced a commercial success.
Fur Joe hud been selt
Tae a fella who dwelt
In the King's royal palace - nae less!

Potiphar wis his name.
Playin sodgers his game.
And he'd risen tae reach the top rank.
Fur he wore a peaked hat,
Hud his ain private flat,
An a few hunner quid in the bank.

And the love o his life
Wis his ain darlin wife,
And his passion he just couldnae hide.
But whit he didnae ken
Wis that she loved the men -
And wis fond o a bit oan the side!

And she saw in wee Joe
A potential new beau,
So she gies him her best sultry look.
But Joe telt her straight
He wis no fur a date,
And that she could just go sling her hook!

Fur ye see, by this time,
Joe hud started tae climb
Up the ranks o the servant-class clan,
At such breakneck speed,
That his master decreed
He wid now be his number wan man.

But Joseph kent fine
That there's aye a fine line
Between failure and roarin success.
Fur an image can take
Aw yer life tae create,
And in seconds can end up a mess!

And, whereas ye can duck
The occasional muck
That often gets thrown in yer life,
Ye're right aff yer heid
If ye think ye'll succeed
Messin roond wi yer ain gaffer's wife!

So that is why Joe
Hud gied a big 'No!'
Tae her offer of - well - you know what.
And she wis sae mad
She decided she had
Tae destroy him, and leave him wi nought.

So the time came aboot,
When the others wur oot,
And she knew Joseph couldnae escape,
Then she whipped aff his robe,
And she yelled, 'Help ma Boab!
Ah'm the victim o pillage and rape!'

Well, he hud nae defence,
Fur all evidence
Supported the wife's lyin tale.
The husband wis fooled,
And instantly ruled
That Joseph be flung in the jail.

So wance again Joe
Hud hit a new low,
Wi his life in a mess at his feet.
And maist other guys
Wid just screw up their eyes,
And crawl in a corner and greet.

But Jacob, his dad,
Although fairly bad
In tactical matters paternal,
Hud nevertheless
No made quite such a mess
In the basics o wisdom eternal.

So Joe knew the Lord
Wis just bound tae reward
Him, if he simply bided his time.
And stoutly refuse
Tae gie lip tae the screws,
Even tho' he hud no done nae crime.

So Joe settled doon,
But found very soon
That his model behaviour wis noted.
And before very long,
He wis made 'aide-de-camp',
Which is Frenchy fur bein promoted!

Noo, efter a while,
There appeared at the jile
Two prisoners who really wur seik.
Fur they'd done somethin bad,
Which hud made the King mad,
And wur now servin time fur their cheek.

The first wis a baker,
Whose job wis as maker
O bridies and pies fur the palace.
And the other wee bloke
Served Bacardi and Coke,
And the wines fur tae fill the King's chalice.

And they kept huvin dreams
Every night, so it seems,
And they woke every mornin distressed.
Fur neither wan kent
Whit his dream really meant,
So they started tae get quite depressed.

Then they collared oor Joe,
Fur they'd heard he wid know
Whit their nightmares wur meant tae convey.
They goat doon oan their knees,
And they said, 'Joseph please
Gies a brek, and explain whit they say!'

First the baker heard Joe
Say, 'Ye'll make nae mair dough,
Fur the King wants ye soon tae be deid.
And he'll shortly decree
That yer neck hus tae be
Located quite far frae yer heid!'

Tae the next Joe declared,
'Well, yer life wull be spared,
And yer time behind bars wull soon end.
Fur the King's really sad
That he treated ye bad,
And he'll soon wance again be yer friend.'

Then he said tae the wine man,
'Ah hope ye dae fine man,
But when ye next speak tae the King,
See if he'll no agree
Tae tak pity oan me,
And pull oan the odd regal string.'

21

But when he wis sprung -
And the baker wis hung -
He quickly forgot aboot Joe.
Who wis left in the jail
Wi nae prospect o bail,
And a heart fu o sadness and woe.

But, of course, in the end
Joe became the King's friend,
As we'll hear of in Joseph - Part Three.
But fur noo, wance again,
A few comments germane
Tae these erudite *facetiae**.

And the first wan tae quote
Is a moralist note,
Aboot married burds, lookin fur action.
Just remember, you fellas,
Whit Joseph can tell us
Aboot whit should be oor reaction.

And the second is just
Tae remind ye, ye must
Remain faithful whate'er comes along.
Wi God's banner unfurled,
Aw the jails o this world
Wull never confine ye fur long.

So never lose heart,
Even when friends depart
Withoot thought fur yer help in the past.
Fur, till ye reach the end,
Ye can always depend
Oan yer Lord, tae be there tae the last.

*N.B. The last word in this verse is pronounced
'fa-say-shy-ee' and means witty sayings. As Michael Caine
might say - not a lot of people know that!

Joseph - Part Three:

Makin it big

(Based on Genesis Ch 41)

Part Three o oor tale
Starts wi Joe still in jail,
But wi two mair years under his belt.
And beginnin tae feel,
That in life's poker deal
A right lousy hand he'd been dealt!

Then the King, so it seems,
Started huvin weird dreams
Every night, aboot half past eleven.
And these visions in slumber
Each featured a number,
The same wan in baith - namely seven.

In the first dream he hud,
Seven coos, chewin cud,
Wur oot fur a wee evenin stroll,
When seven mair came,
Who wur skinny and lame,
And who swallowed the first lot up whole!

Then the scraggy longhorn
Changed tae seven ears o corn,
Which wur withered, yet somehow defiant.
And each made disappear
A big fat juicy ear,
Like ye get frae The Jolly Green Giant!

Well, the King wis quite scared,
And he quickly declared
That their meanin he must ascertain.
So he goat his physicians,
And sundry magicians,
And asked them tae kindly explain.

But naebody could,
Fur they wurnae much good
At this vision interpretin task.
But then came a cry
Frae the wine steward nearby,
Who said, 'Ah ken the fella tae ask!

'When the baker and I
Wur in jail, then this guy
Telt us baith that oor dreams he could read.
And he wisnae nae faker,
As even the baker
Wid tell ye - if he wisnae deid!

'And Ah gied tae this Joseph
A pledge, Ah suppose, if
Ma dreams aw came true and Ah goat
Ma freedom frae jail
Then, Ah'd try tae get bail
Fur wee Joe - but - well - then Ah forgoat!'

And so then the King
Sent a message tae bring
Joseph oot o the jail right away.
And he said tae the lad,
'Ah hear ye're no bad
At determinin whit dreams might say.'

Joseph said, 'By masel
Ah don't know whit they tell.
But wi God's help Ah seem tae be able
Tae ken, wi nae doot,
Whit a dream is aboot,
So just lay aw yer cards oan the table.'

So the King then related
The dreams he wis fated
Tae dream in bed, night efter night.
And Joseph said, 'Well,
It's nae problem tae tell
Ye frae these, that ye're in fur a fright!

'Fur the dreams ye ur dreamin
Baith huv the same meanin,
Wi fat coos and fat corn ears,
Bein symbols God's sent tae
Mean harvests o plenty,
Tae last fur the next seven years.

'But then comes the sting.
Fur the next years wull bring
Nae mair laughter than you brought the baker!
Fur ye'll harvest nae mair,
Wi the fields dry and bare,
Like a cricket groond oot in Jamaica!

'So dinnae think twice.
Just you take ma advice,
Fur a wee plan tae keep up yer pecker.
'Cos Ah wid suggest
That ye pick oot the best,
Fur a Chancellor o the Exchequer.

'And pit him in charge
O construction o large
Storage depots, tae site nationwide.
And then, through the years
That ye're up tae yer ears
In a surplus, just pit some aside.

'And this nice wee reserve
Wull allow ye tae serve
Oot some food, when the good times are done.
But make sure that yer man
Is the very best wan
O the crop, if ye'll pardon the pun!'

Then the King said, 'Hey man!
That's a brilliant wee plan.
And it's obvious, even tae me,
That the wan Ah should ask
Tae complete this great task
Is yersel, as Ah'm sure ye'll agree.'

And so Joe came tae be
The first King's ADC,
Which ye'll ken is an abbreviation
Fur a phrase used before,
So Ah'm no gaunae bore
Ye by givin the same explanation.*

Then, tae mark his promotion,
The King took a notion
Tae gie Joe some presents and things.
So he goat him rigged oot
In a new three piece suit,
And he gied him some real diamond rings.

And a team o chaffoors
Fur tae take him oan tours
In a chariot, built like a Rolls.
And the final acclaim
O his newly found fame -
A folder, wi Filofax scrolls!

So at last Joe hud made it,
Like his dreams hud said it
Wid be all along frae the start.
Fur nothin could stop
His ascent tae the top,
Wi the promise o God in his heart.

* See page 20

And he knew that he never
Need fear he wid ever
Again live a life like before.
But there's mair still tae hear,
Tho' it disnae appear
Till the story of Joseph - Part Four.

But Ah'm sure this is true,
There's a message fur you,
Whatever the length o yer tooth.
And the message is just
Tae hold fast tae the trust
That ye hud in the prime o yer youth.

Fur the Lord lets ye see,
Through yer dreams, whit can be
If ye'll only huv faith and believe.
And stay true tae yer dream,
Even tho' it may seem
An impossible thing tae achieve.

Fur, tho' you be the least,
Still yer dreams are the yeast
That God uses, tae make yer life swell,
Frae a crumb oan the back o
The smallest wee taco -
Tae the Big Enchilada itsel!

Joseph - Part Four

Taegither again

(Based on Genesis Chs 41 - 45)

We pick up the story,
Wi Joe in his glory,
As Egypt's new man at the top.
In charge o logistics,
And sundry statistics.
Tae save up the best o the crop.

Fur Joe, ye'll recall,
Hud revealed tae them all
That the case wis quite open and shut.
Wi Nature programmin
A seven year famine,
Right efter a seven year glut.

So the King set up Joe
As supplies supremo,
Wi a remit tae gather up grain,
And tae stack it away
Fur tae use when the day
Came that signalled the end o the rain.

So wi the King's backin
Joe quickly goat crackin,
And ere long wis happy as Larry.
Stretched oot oan a Lilo
Designin a silo -
And he even found time fur tae marry!

So the depots wur built,
And wur stacked tae the hilt
During years that saw harvests galore.
In similar fashion
Tae the EEC passion
Fur buildin a grain mountain store!

And when these years wur ended,
The famine descended,
As Joseph hud telt them it would.
And they aw blest the day
God hud sent Joe their way,
Fur tae save them as only he could.

So, although things wur tough,
Everywan hud enough
Fur tae keep malnutrition at bay.
And they goat quite proficient
At findin sufficient
The rations dished oot every day.

But Nature's no wan
Tae respect any plan
Tae divide up the land among men.
And tho' nations agree
Where a border might be -
Famine and drought dinnae ken!

So ye'll no be amazed
That the drought which hud razed
Egypt's harvest, hud no just stopped there.
And aw roond the region
Crop failures wur legion,
Wi folk giein up in despair.

But when word started spreadin,
Then folk started headin
Tàe Egypt, tae purchase supplies.
And this opened the way
Fur the glorious day
When Joe's brothers goat wan big surprise.

Fur their dad wis upset
When The Canaan Gazette
Said in Egypt supplies wur quite good.
Jacob yelled at his sons,
'How come you're no the ones
That are ower there, tae bid fur some food?

'So Ah've made some decisions
Tae get some provisions,
Before we aw die o starvation.
And Ah want tae see action,
Or you'll be in traction -
So let's huv nae mair vacillation!'

So aff went the ten.
Fur auld Jacob kept Ben,
His youngest son, back at the farm.
Fur he aye wis quite feart,
Since wee Joe disappeared,
That wee Ben wid wan day come tae harm.

And so Joseph's brothers,
Alang wi some others,
Went aff intae Egypt tae try
Tae purchase some corn.
And so early wan morn
They approached the heid government guy.

And, of course, we aw ken
That the fella the men
Hud tae ask, wis none other than Joe.
But they hudnae a clue,
Fur as far as they knew,
Their wee brother wis deid long ago.

And although straight away
Joseph realised that they
Wur his folks, still he didnae let oan.
And he said tae the guys,
'Ah think youse lot ur spies,
And ye're probably no oan yer own!'

'Hey! Haud oan the noo!
That's a lie! It's no true!'
The brothers replied wi a yell.
'We're no at the game!
We've a faither back hame!
And a wee brother waitin as well!'

But Joseph replies,
'Ah still think youse ur spies!
And the only way youse wull get free,
Is fur wan o yer gang
Tae just hoof it alang,
And tae bring yer wee brother tae me!'

But they wurnae fur that.
So then, after a chat,
Joseph said, 'OK, listen tae me.
Ah'll let nine o you blokes
Take back food fur yer folks,
But wan o ye wullnae get free.

'And he'll be kept here,
Till ye aw reappear
Wi yer brother - but don't bring yer paw.
Then Ah'll ken right away
That ye're no CIA,
KGB, MI5 efter aw!'

So aff they aw went.
But nane o them kent
That Joe hud decided he would,
Pit the money they'd brought
Fur the food they hud bought
Back inside, wi the rest o the food.

But when they goat back,
They each found in their sack
Aw the money, as well as the wheat.
And Reuben said, 'Fellas,
That bloke's gaunae tell us
That each wan o us is a cheat!'

Then he went tae his dad.
And he said, 'Things ur bad.
And ye're no gaunae like whit Ah say.
But we've hud tae leave Simeon
In Egypt's dominion,
Tae make sure we go back some day.

'Fur they thought we wur spies.
And oor protests wur lies.
And they said that oor guilt clearly shows.
But, if we take wee Ben,
Then the guy said he'll ken
That we're kosher, and no Egypt's foes!'

Well, Jacob went mental,
And claimed that parental
Obligements must now override.
And he said, 'Nothin doin!
Fur ma life ye wid ruin
If Benji departs frae ma side!'

But, tho' Jacob resisted,
Still Reuben insisted
That really they hudnae an option.
But he promised his dad
He'd look efter the lad,
And no pit him up fur adoption.

So aff went wee Ben,
Wi the rest o the men.
And Jacob wis near breakin doon.
But his tears fur the boy
Wur transformed intae joy,
Wi an endin straight oot Mills and Boon!

Fur, when Joe saw wee Ben,
Well he kent there and then,
That he just couldnae stand it nae mair.
And eventually Joe
Hud tae let them aw know
Who he wis - and the feelin wis rare!

Then the word wis relayed
Back tae Jacob, who said,
'God be praised! Fur Ah thought Ah wis done!
And Joseph wis deid,
But instead he's the heid
O them aw - he's a real mega-son!'

So the wrongs hud been righted.
The family united.
Wi everywan happy again.
And wance mair God's plan
Wis revealed through a man,
Who at first hud tae suffer great pain.

But through faith in his Lord,
Joseph reaped his reward,
And his dreams aw came true in the end.
The man at the top.
The pick o the crop.
The leader, the brother, the friend.

So if you huv a dream,
Don't let others demean
It, and never you let yer dream go.
Fur only God knows if
You might be a Joseph -
And if so, then gaun yersel Joe!

Moses - Part One:

Doon the watter

(Based on Exodus Chs 1 - 2)

This is the story o Moses,
Whose life God just turned oan its heid.
Wan minute a wee bed o roses,
The next, a ginormous great weed!

His life hud a few funny hitches,
Which Ah wull now tell ye in verse.
And it's no wan o rags intae riches -
In fact it is quite the reverse.

But tae gie ye the right explanation,
We huv tae go back fur a while,
Tae a time when the Jews' occupation
Wis as slaves oan the banks o the Nile.

Fur years they hud dreamed o salvation.
That frae Egypt they'd aw get away.
So rumours began circulation,
That a leader wis due ony day.

Well, some rotten wee clype telt Pharaoh,
Who decided tae gie them a jolt,
In a way that wid surely tak care o
Dismissin aw thoughts o revolt.

Fur he issued a law that wis newish,
That everywan hud tae obey,
Tae kill every young boy that wis Jewish,
And so get them oot o the way.

Well, Moses's mammy went frantic,
Just like ye'd expect Ah suppose,
Till she thought up this brilliant wee antic
Tae safeguard her darlin wee Mose.

Tae build him a boat, she decided.
A wee rush job - made oan the side!
And in it her Moses she hided,
And launched him oot, intae the tide.

So aff went the boat doon the watter,
And who should be takin a dip?
But Pharaoh's ain darlin young daugh'er,
When up drifts wee Moses's ship.

Noo, Pharaoh's wee lass wis a stoater,
The fairest o aw Egypt's beauts,
And she picked up oor bonny wee floater,
And she said, 'He can join ma kibbutz!'

Then wan o the lassies suggested,
Since Moses wis still a wee bloke,
That he should be cared fur and breastfed
By wan o the Israelite folk.

Noo, ye might think that this is just jammy,
But oot o the masses they pluck
None other than Moses's ain mammy -
Is that no a real stroke o luck!

So Moses hud landed in clover.
He lived in the palace in style,
Wi a mammy beside him - twice over!
Life wis great oan the banks o the Nile.

But when he hud grown tae be handy,
And he hud a few hairs oan his chin,
God decided the time wis just dandy,
Fur tae turn Moses life ootside in.

Fur, altho' he lived in the palace,
He still wis a Jew aw the while,
And wan day Egyptian malice
Brought his Jewish blood tae the bile.

'Cos he saw this wee bloke in the gutter,
Whose face wis a picture o fear,
Bein kicked in the gut by a nutter,
Who wis wearin Egyptian gear.

Well, Moses just moved withoot thinkin,
And walloped the guy oan the heid.
Too late did the truth start tae sink in,
He hud hit him sae hard, he wis deid!

Noo, wan or two folk saw it happen,
And trouble wis surely in store.
Oan the palace door they wur soon chappin -
And then everywan knew the score.

So Moses shot aff like a leopard,
And left aw his riches behind,
And took up a job as a shepherd,
Fur that's aw the work he could find.

He thought now that he wis forsaken.
Deserted by God ever more.
But we know that he wis mistaken,
And that destiny stood at the door.

Whit happened thereafter we'll hear of,
In the story of Moses - Part Two,
For the present, before we aw clear off,
Let's just think o a moral or two.

If self-satisfaction creeps ower ye,
'Cos ye've managed tae save a few quid,
Just as quickly could ill-fate devour ye,
And leave ye as flat as a squid.

So if some hard luck should befall ye,
And ye think God hus pit in the knife,
It might be He's tryin tae call ye,
'Cos He's goat other plans fur yer life.

So, the message, as *this* chapter closes,
Is that, even tho' you're no a Jew,
It could be that *you're* the next Moses -
And that God is just waitin fur you!

Moses - Part Two

Freein his chinas

(Based on Exodus Chs 3 - 12)

We take up the story o Moses,
At the point where the Lord hud arranged,
That he undergo metamorphosis
Frae riches tae rags, fur a change.

He hud fled frae the palace o Pharaoh,
Tae a place he could live oan the cheap.
And noo spent his time takin care o
A wee bunch o lambs and some sheep.

Fur God hud decided tae use him
In His plan tae set Israel free,
Tho' He knew that it widnae amuse him,
And he widnae be keen tae agree.

So wan day, whilst the sheep wur aw grazin,
A right funny thing Moses saw.
A bush wrapped in flames, quite amazin,
And yet wisnae burnin at aw!

Noo, Moses wis nae garden expert.
He kent nane o they Latinised names.
But he felt right away t'wis a dead cert,
That the Lord wis right there in the flames.

Well, Moses's legs felt just like jellies,
When God said, 'Come close tae the sound.
But first, ye must take aff yer wellies,
Fur ye're standin oan sanctified ground!'

So, shakin as if he wis frozen,
And feelin right weak at the knee,
Moses heard God say how he'd been chosen
Fur tae set aw the Israelites free.

At last Moses's voice started speakin,
And he said, 'Ah've nae wish tae offend.
But it cannae be me that Ye're seekin,
Fur Ah'm no quite the King's dearest friend!

'And Ah'm no wan o they speechifiers.
Ah'm a quiet wee man as a rule.
Ah've nae 'O' grades - never mind Highers -
Fur Ah wisnae much guid at the school!

'So Ah hope Ye'll no think Ah'm a chancer.
Or Ah'm tryin Yer job fur tae teach,
But ma wee brother Aaron's the answer,
He's a dab hand at makin a speech!

'He wis brilliant at school, no a looney,
And he's gone oan tae reach the top deck.
Wi a first class degree frae the Uni,
And a City and Guilds frae the Tech!

'He's wan o the true academics.
The sound o his voice is a drug.
And so, when it comes tae polemics,
He can talk the hind legs aff a dug!'

'Very well,' said the Lord, 'go tae Pharaoh.
And let Aaron speak, I agree.
Only, spare Me frae listenin tae mair o
Yer brother's amazin CV!'

So Moses and Aaron departed
Tae Egypt, tae let Pharaoh know,
That God wanted formalities started
Fur tae let aw the Israelites go.

Well, Pharaoh just burst oot laughin.
And he said, 'Ye must be aff yer heid!
Either that, or ye're surely just chaffin,
But either way, chinas - drap deid!'

So they telt Pharaoh God wisnae kiddin.
And if he didnae quickly agree,
God wid turn Egypt intae a midden,
Till he let aw the Israelites free.

But Pharaoh telt them tae their faces,
In a way that left nae room fur doubt,
That the Jews wid just stay in their places -
Then he booted the pair o them out!

Whit happened thereafter wis tragic.
But God wisnae foolin around.
And Pharaoh saw heavenly magic,
Causin panic and fear tae abound.

Fur God sent disease and disaster,
And other mair terrible stuff,
Till aw Egypt called tae their master,
And Pharaoh declared, 'That's enough!'

So at last he agreed tae God's wishes,
Settin free every Israelite slave.
And the Jews took their claes and their dishes,
And set aff wi a cheer and a wave.

And Moses wis hailed as a hero.
But he knew that God still held the key.
Fur their chance o survival wis zero,
Unless they could cross the Red Sea.

But whether they did or they didnae,
Ye'll just huv tae wait fur tae see.
Ah could tell, but Ah promised Ah widnae,
Till the story Of Moses - Part Three.

So Ah'll leave ye wi this thought tae ponder,
If ye're seekin tae dae the Lord's will.
Dinnae wait, fur ye've nae time tae squander,
Tho' it might take a while tae fulfil.

Fur at first, ye might get nae reaction.
Ye might feel ye're no movin at aw.
And ye'll think ye'd get mair satisfaction,
By bashin yer heid aff a wa'!

But just keep yer determination,
And dinnae go blowin a fuse.
Fur ye'll finally get yer salvation.
And like Moses did - you'll get yer dues!

Moses - Part Three:

The Red Sea - nae problem!

(Based on Exodus Ch 14)

We return tae the story o Moses,
Wi the Israelites doon oan the beach,
Wonderin how they could aw pit their noses
Miles away - oot o Pharaoh's lang reach.

They hud left Egypt, singin in rapture,
And set aff tae find a new land.
But the Red Sea hud blocked their departure,
And they'd ground tae a halt oan the sand.

Fur a while, everywan wis contented,
Tae relax in the warmth o the sun.
And tho' deck chairs hud no been invented,
It still didnae ruin their fun.

Fur the weans aw goat lovely wee suntans,
As they ran aboot shoutin wi glee.
And the womenfolk held up their kaftans,
And paddled aboot in the sea.

But this happy wee scene wis tae alter,
As the smiles slowly turned intae tears,
And their faith in God started tae falter,
When the terrible news reached their ears.

Fur word spread that rotten auld Pharaoh
Hud decided tae re-stake his claim,
And wis noo oan his way tae take care o
Returnin them aw tae his hame.

So in panic, the Jew turned oan Moses,
And pleaded fur help tae survive.
They demanded a quick diagnosis
Tae the problem o stayin alive.

They said here oan the beach wis the worst place
Tae set up a camp, and furbye
They should never huv left in the first place,
Fur noo they wur aw gaunae die!

Tae dream o escape wis just fruitless,
And they telt him that he wis a fraud.
Fur noo they wur homeless and rootless,
Abandoned by baith him and God.

But Moses replied, 'Dinnae worry.
God's goat everything under control.'
But he secretly whispered, 'Please hurry!'
Hopin God hudnae scored an own goal.

Fur it seemed tae be curtains fur Moses,
Midst the sand and the sea and the sky.
Like a rabbit wi myxomatosis,
He seemed tae be destined tae die.

But the Lord said tae Moses, 'Calm doon noo!
Tell the people tae just stand aside.
Ye'll be over the watter quite soon noo,
Just whenever ye turn back the tide.

'Haud yer stick like the bow aff a fiddle
Ower the watter, ye'll no find it hard,
And the sea wull part right doon the middle,
Like a hot knife that's cuttin through lard.'

Well, when it happened the folk wur aw shoutin.
And everywan said it wis groovy.
Fur the watter just rose like a mountain -
Like ye probably saw in the movie!

45

The results o the watters' dispersion
Wis a roadway, aw muddy and queer.
The original prototype version,
Fur the wans that they built aroond here!

But complaints wur dismissed as pure scandal,
Simply voiced by the odd sweetie-wife.
Fur a wee bit o mud oan yer sandal,
Is a sma price tae pay fur yer life!

So the Jews crossed the sea - easy-peasy!
Fur Pharaoh, Ah should huv explained,
Wisnae huvin things nearly sae easy,
Bein somewhat delayed and constrained.

Fur a dark cloud frae heaven descended
Like the soot frae a few hunner flues,
So reluctantly Pharaoh suspended
Ony further advance oan the Jews.

When at last everywan wis safe over,
God permitted the fog tae disperse.
And the Jews kent that they wur in clover,
Fur the sea wis tae be Pharaoh's hearse!

'Cos he and his sodgers just galloped
Right intae that road through the sea.
Never dreamin that they wid be walloped
By the biggest wave ever tae be!

Fur, ignorin the chariots' clatter,
Moses held oot his stick like before,
Thus removin support frae the watter -
Which collapsed, wi a crash and a roar.

And aw Egypt's army wis covered
'Neath the ginormous wattery mound.
And, as Mae Wests hud no been discovered,
Every last wan o them drowned.

And so ends part three o oor wee tale,
Tho' there still wis some trouble in store.
But Ah'm no gaunae go intae detail
Till the story of Moses - Part Four.

But in keepin wi former tradition,
We'll no end the poem just yit.
But instead, huv a brief intermission,
Tae reflect oan the story a bit.

47

Fur, like Moses, someday we might find yo
Reviewing the future wi dread.
Wi yer past like a desert behind ye,
And a sea o despair straight ahead.

But if ye pit yer trust in Jehovah,
Ye'll find Him still partin the sea,
Tae allow ye tae safely cross over
Tae a land where the faithful are free.

So next time ye're tempted tae paddle,
Tae escape life's despair and discord,
Tell yer fears they can aw just skedaddle -
Fur ye're pittin yer trust in the Lord!

Moses - Part Four:

Manna frae heaven

(Based on Exodus Chs 16 - 17)

We continue auld Moses's saga,
Frae the famous Red Sea interlude,
Wi the Israelites aw goin gaga
Because o the absence o food.

Fur by now their supplies wur aw finished.
And they asked Moses whit they should do.
As each day saw their strength mair diminished,
Due tae lack o a square meal or two.

And some o them really goat shirty,
And complained they wur victims o fraud.
That Jehovah hud done them the dirty,
And He wisnae much use as a God.

So again Moses spoke tae the Father,
Fur he knew the Lord never wid cheat.
And God answered, 'Don't work up a lather,
Fur Ah'm sendin ye manna tae eat.'

Moses said tae the folk tae stop greetin.
And he told them the very next day,
There wid be lots o fresh food fur eatin -
Fur the manna wis noo oan its way.

'See this manna,' they asked him, 'whit is it?
Dae ye cook it, or just leave it be?'
Moses said, 'Ah cannot be explicit,
So ye'll just huv tae wait fur tae see.'

Well, the next day the scene wis uncanny,
Fur God's promise wis nae double-cross,
And in every wee nook and wee cranny
Wur great dollops o - well - candyfloss!

Tho' the texture wis somewhat elastic,
Still everywan hud tae agree
That the flavour, tho' nothin fantastic,
Wis enhanced by the fact it wis free!

Noo, some folk knew just whit they needed,
And so took enough tae get by.
But the gutsy wans shoved and stampeded,
Tae build up a great big supply.

But God hud arranged that *their* manna
Wid decay in a flash efter dark.
And next mornin it looked like banana,
Which hud somehow escaped frae the ark!

And it didnae half smell - whit a stinker!
Yet the stuff that wis left oan the ground
Disappeared - like an Aberdeen drinker,
When it's his turn tae buy ye a round!

Fur Moses hud promised that daily,
God wid send doon a fresh food supply,
Fur tae feed every last Israeli,
So that none who believed Him wid die.

So everywan learned tae be trustin,
And tae take just enough fur each day.
Fur God's promise meant nae mair gut bustin
Tae keep malnutrition at bay.

Fur a while Moses goat peace and quiet,
Till they camped just ootside Rephidim.
Then there suddenly broke oot a riot,
Wi the Jews wance mair screamin at him.

'Whit the hang is it this time?' said Moses,
Who by now wis near losin his mind,
And wis tempted tae bury his toeses
In the odd Israeli behind!

'Aw the watter's ran oot,' wis the answer.
'And this place is dry as a bone.
And see you, ye rotten big chancer,
Ye should huv just left us alone!'

So, using his gift o persuasion,
Moses wance again knelt oan the sand
Tae ask God, oan the umpteenth occasion,
Tae oblige wi a heavenly hand.

'Ah'm sorry tae keep askin favours,'
Moses said, 'but Ah'm dealin wi hoods.
Fur they're threatenin tae bring oot the razors
If Ah dinnae come up wi the goods!'

God answered, 'The promise Ah telt ye,
Should convince ye Ma word is Ma bond.
So Ah'll no let these heid cases belt ye,
Fur Ah'll tell ye how ye've tae respond.

'Tak yer stick, like ye did at the Red Sea,
Only this time just tap oan that rock.
Then stand back, and just let they neds see
How the Lord can look efter his flock.'

So Moses obeyed God's instructions,
And tapped oan the great rocky mound.
And, like a volcano's eruptions,
Watter poured in a flood tae the ground.

So, efter these miracle actions,
The Jews hud enough tae survive.
But we'll hear aboot further distractions
In the story of Moses - Part Five.

But the lesson tae take frae this section,
Is that God kens ye need food fur tae eat.
So when He offers you His protection,
He'll provide ye wi watter and meat.

Fur as Jesus wance telt His disciples,
The lilies ye see every year,
As workers are no archetypals,
Yet God clothes them in wonderful gear.

So don't spend yer time mullin over
Tomorrow's concerns in yer mind.
Just pit aw yer trust in Jehovah -
And manna, mañana, ye'll find!

Moses - Part Five:

Humphin tablets

(Based on Exodus Chs 18 - 20, and 34)

We take up auld Moses's story,
Frae the wattery rock episode,
Wi the Israelites aw hunky-dory,
And ready wance mair fur the road.

They hud shaken aff former depression.
Nae mair wur they doon in the dumps.
Their lack o faith just a digression,
Wi God wance mair comin up trumps!

But this general air o contentment
Didnae mean aw wis sweetness and light,
So ye still goat the odd bit resentment
Burstin oot in a neighbourly fight.

And wan thing just led tae another,
As it hus ever been Ah suppose.
And sisters fell oot wi their brother,
Wi every dispute that arose.

And each day saw a new delegation
Askin Moses tae rule either way.
And soon inter-group litigation
Wis fillin each hoor o the day.

Then Moses received a wee visit
Frae Jethro, his faither-in-law,
Who wanted tae see just whit wis it
That Moses wis up tae, an aw.

'Hoo's it gaun?' said auld Jethro tae Moses,
'Fur yer wife hus been moanin a lot.
She's developin quite a neurosis
Ower the size o the workload ye've got.'

'Och it's murder!' said Moses, 'Ah'm shattered!
And Ah'll tell ye right noo it's nae joke,
Tae huv baith o yer ears bein battered
By amateur barrister folk!'

Then Jethro, withoot hesitation,
Gave Moses a friendly wee nudge,
And suggested he try delegation,
Tae lighten his load as a judge.

So Moses appointed some leaders,
And telt them that they should go aff
Tae listen tae aw legal pleaders,
And sort oot the wheat frae the chaff.

So at last Moses goat a wee breather,
Tae consider whit God hud in store.
And contemplate if he should either
Stay put, or move oan a bit more.

He wis sure that this wave o invective
Wis due, in a way, tae the fact
That the Jews wur in need o effective
Direction in how they should act.

And he felt whit the people wur needin,
Frae the Lord, wis a definite plan
O the laws everywan should be heedin,
In their dealins wi God and wi man.

So he telt everywan tae get weavin,
And fur each man tae pack up his tent.
Fur wance mair they hud tae be leavin,
And intae the desert they went.

So again the *dramatis personae*
Seemed destined furever tae tramp,
But when they arrived at Mount Sinai,
Moses telt them tae set up their camp.

So they aw pitched their tents in a clearin.
Then Moses said, 'You've tae stay here.
But Ah've tae go aff mountaineerin,
Fur the Lord wants a word in ma ear.'

So aff he went intae the mountain,
Never dreamin that there oan the hill,
God wid pour blessins oot like a fountain,
So that aw men wid ken the Lord's will.

Fur Jehovah spelt oot tae auld Moses
The basis fur banishin strife.
A great list o yeses and noses,
Fur tae guide everywan through their life.

And finally God gave a précis,
By combinin them aw intae ten,
So that everywan hearin them may see
How the Lord God related tae men.

And, since Moses wis clearly desirous
Fur a copy, tae help make them known,
God inscribed them - but no oan papyrus -
But carved oot in tablets o stone!

Ah suppose it's no quite how ye'd plan it,
Fur a person's just apt tae drap deid,
If ye hud tae humph great lumps o granite,
Every time that ye wanted a read!

But it wisnae fur Moses tae question
How the Lord chose tae record His will,
In spite o a lack o suggestion
How tae carry them back doon the hill!

55

So Moses just went in a wunner,
Fur he didnae want any mair climbs.
Since the weight o they stanes wis a scunner -
Like yer average week's *Sunday Times*!

So Moses completed his duty,
And brought doon God's laws tae the Jews.
And everywan said, 'Whit a beauty!
Ye're the greatest wee man we could choose!'

And tho' Moses did mair things, he never
Did anything quite so sublime,
Fur they laws wur fur aw men, furever,
And no just fur the Jews at that time.

So we'll no hear nae mair aboot Moses,
And Ah hope ye'll no hold me tae blame.
But Ah'm near oan the verge o psychosis,
Through searchin fur rhymes fur his name!

But remember, whenever ye're grievin,
Moses's story is still opportune.
Teachin us, that if we keep believin,
Then the Lord God wull no let us doon.

And if you too wid like tae be famous,
Just read Exodus nineteen and twenty.
It could turn ye frae rank ignoramus,
Intae wan o the true cognoscenti.

And, tho' life may be nae bed o roses,
Ye wull find that it's no a bad smell,
If you keep aw the laws gied tae Moses -
And keep takin the tablets as well!

The Wa's o Jericho

(Very loosely based on an original concept found in Joshua Ch 6)

Ye've maybe perhaps often wondered,
And even perchance sometimes doubted,
Aboot the wa's that fell doon
Ootside Jericho toon,
When the Jews blew their trumpets and shouted.

Well, Ah've goat the true inside story
O just why they wa's aw fell doon:
The two major factors
Wur duff sub-contractors
And Joshua's choice fur a tune.

Fur he telt aw the bandsmen tae practice,
And when they wur pitch-perfect perhaps,
Wi some help frae the Lord
They wid get their reward,
And the Jericho wa's wid collapse.

Just how a wee toot oan the trumpet
Wid achieve this, he didnae quite know.
But he just pit his trust
In the Lord, as ye must
When ye face an invincible foe.

So here's ma wee take oan the action,
Why Jericho's wa's hit the flair.
Ah heard it frae Danny,
Who says that his Granny
Wis telt it by her Auntie Clare.

Tho' the wa's looked quite solid, they wurnae.
Cos the whole thing wis really a sham.
The result, so it seems,
O Egyptian schemes,
Fur a pyramid marketing scam.

Fur Ah'm telt, back in Egypt, auld Pharaoh
Goat some o his mafia guys,
Tae go oot as hunters
O gullible punters,
And sell them a buildin franchise.

But, of course, they wur no sellin nothin!
Fur the whole thing relied oan the pitch,
That ten mair wur needed
Fur each who succeeded -
And then everywan wid get rich!

But the thing aboot pyramid sellin,
Is ye finally run oot o folk.
And the last punters in
Simply just cannae win,
So they dinnae get rich - they get broke!

And that's just whit happened tae Abdul,
The last wan tae join in the fiddle.
He hud stars in his eyes,
And a building franchise -
But naebody left fur tae diddle.

Then alang came the Jericho contract,
So Abdul applied the auld savvy.
Fur he quickly reacted
And just sub-contracted
The joab tae a wee Glesga navvy.

It wis Jerry, the bampot, frae Springburn,
A typical Glaswegian dope,
Whose work up till then
Wis the odd but-and-ben
Made frae chipboard secured wi some rope!

So his knowledge o fortifications
Wis just slightly less than heehaw,
But when he hut the big time
He set oot in jig-time
Completin the Jericho wa'.

When Abdul arrived fur tae pay him,
He asked him how much hud been spent
Oan breeze-blocks an bricks,
And shuvles and picks,
And mortar and sand and cement.

'No a penny,' said wee Glesga Jerry,
And before he could be asked just why,
Said: 'Ah'll no gie ye patter,
The well hud nae watter,
So Ah just pit the hale wa' up dry.

'An who ever promised ye breeze-blocks?
Fur it's ten tae wan Ah never did!
'Cos when you're oan the bevvy
They things ur too heavy -
So Ah just built the wa' usin wid!'

Fur Jerry hud thrown it taegither
Withoot even a nail or a screw.
It wis plywid and cardboard,
And ten tons o hardboard,
And just held taegether wi glue!

It wis then the Jews came in marchin,
Each wan wi their tunic and hat on.
And Joshua oot front,
Wi a yell and a grunt,
Giein it laldy and twirlin his baton.

When the folks in the toon heard the trumpets,
Well, everywan came runnin over.
And they aw started swayin
When the band started playin
That great Irish song 'The Wild Rover'.

When they goat tae the bit: 'No, nae, never',
Then taegither they aw clapped their hands,
And the reverberations
Destroyed the foundations,
And the wa' fell tae bits oan the sands.

So that is why Jericho perished,
And why aw that blood there wis spilt.
It wis no just the fanfare
That killed everywan there,
But the jerry-built wa's Jerry built!

If ye doubt that there's truth tae this nonsense,
Just look up a Greek play index.
An ye'll see that it's stated -
This tale is related
In a wee play called 'Edifice Wrecks!'

But, of course, ye aw ken Ah'm just jokin,
And this stuff aboot Jerry's pure lies.
But the wa's *did* fa doon
When the Jews played their tune,
Fur the truth ye can never disguise.

And ye cannae keep oot the Almighty
Wi a wa', no matter how strang.
If ye've goat any sense
Dinnae think that a fence
Will protect ye, if ye're in the wrang!

But if you want tae make some sweet music,
Join the Lord's band, and don't be afraid.
See yer past life - just dump it!
And pick up yer trumpet
And join the Almighty's parade.

But when ye're oan the march wi God's army,
Dinnae go gettin cocky or proud.
Fur it's much mair effective
Tae keep yer perspective -
Dinnae blaw yer *ain* trumpet too loud!

Samson

(Based on Judges Chs 13 - 16)

In Zorah lived a faithful man,
A member o the tribe o Dan,
Manoah wis his name.
And tho' a son he longed tae get,
His wife hud never managed yet.
The pair o them wur quite upset -
It really wis a shame.

And then his wife an angel saw
Who said, 'Ye're gaunae be a maw,
Fur you a son wull bear.
And he's tae be a Nazirite.
And fur Jehovah he wull fight.
So you mak sure ye treat him right -
And dinnae cut his hair!

'Fur he a mighty man wull be.
The champion o aw the free.
Nae evil thoughts he'll harbour.
But listen now, and hear me sure,
His might and strength wull aye endure,
As lang as he keeps his coiffure -
So stay clear o the barber!'

The angel's promise wis not vain
Fur, sure enough, she hud a wean,
And Samson he wis called.
She brought him up wi love and care,
And taught him no tae drink or swear.
And every night she said a prayer
He never wid go bald!

So Samson grew tae be a man,
The strongest in the tribe o Dan,
Wi no an inch o fat.
And no wan knew the secret source,
Except his mum and dad of course,
Why he wis stronger than a horse -
A hairy wan at that!

His 'Mister Universe' physique
Made aw the other laddies seik,
And say some unkind words.
Fur Samson showed tae wan and all
That, even tho' ye're no too tall,
A chest the size o Kelvin Hall
Just fairly pulls the burds!

His first attempt at married life
Wis quickly ruined when his wife
Her husband she did fiddle.
Fur Samson, oan his weddin day,
Stated that he'd gie away
A set o threads to aw who may
Decipher a wee riddle.

So aw the chancers at the spree
Goat Mrs Samson tae agree
Tae help them win the prize.
So using aw she'd learned about -
A smile, a tear, a sexy pout -
She winkled Samson's secret out,
And telt it tae the guys.

So that is how the need arose
Tae gie them aw a set o clothes,
Includin socks and garters.
And Samson wis sae mad he then
Went stormin oot the but-and-ben,
And went and walloped thirty men -
And that wis just fur starters!

The Philistines aw feared him so,
Fur they could see that he might grow
As powerful as Moses.
Yet no wan dared tae try tae act,
Fur fear their heid wid soon be cracked.
Tae tell the honest truth, in fact,
He goat right up their noses.

And so they plotted whit tae do,
And they approached wife number two,
Delilah wis her name.
'We'll pay ye well if ye can find
The secret source that lies behind
Yer husband's mighty strength - but mind
He doesnae suss the game.'

And so she set aboot the task
O workin oot just how tae ask
A favour o her mate.
It didnae take a lot o pluck,
Fur Samson wis a sittin duck,
Fur ony lassie wi a hard luck
Story tae relate.

And so when Sam tae bed he went,
Delilah then a message sent
Tae fetch a barber friend.
And when big Sam awoke, he knew
That he wis really in the stew.
His heid wis smoother than a new
Born baby's bottom end!

The Philistines took Sam away,
Tae serve a lengthy prison stay.
It nearly made him choke.
They put his eyes oot, one by one.
And jeered and laughed when they wur done.
But Samson couldnae see the fun -
And that's a real sick joke!

Well, time went by, as time just does,
And Samson's heid developed fuzz,
As hair began tae grow.
And as each day it longer grew,
He felt his strength return anew,
And then he planned just whit tae do
Tae strike back at the foe.

And so, when he wis telt that he
An 'entertainment' wis tae be,
A smile lit up his face.
When tae the temple they grew nigh,
He shouted tae a boy nearby
Tae lead him tae the pillars high,
That held the roof in place.

Then, callin oan the Lord above,
He gave the roof supports a shove,
And shouted his regards.
A moment only did elapse
When, wi a roar like thunder claps,
He felt the roof and wa's collapse
Just like a deck o cards!

And Samson tae his death he fell -
And half the Philistines as well -
As temple wa's he pushed doon.
But as he played the final scene,
A greater act hus never been.
The finest exit ever seen -
He really brought the hoose doon!

And so the moral o the rhyme,
A maxim tracing back through time
Tae Moses and tae Aaron.
That if ye choose the Lord tae serve,
Ye must stand firm and keep yer nerve,
And never frae the pathway swerve -
And always, keep yer hair on!

David and Goliath

(Based on 1 Samuel Ch 17)

The hale Israeli army,
Baith the first team and reserves,
Wur met tae fight the Philistines
Who wur gettin oan their nerves.

The Philistines hud grabbed the left,
The Israelites the right.
And the valley in between
Wis tae be the battle site.

And then the Philistines unveiled
Their ultimate trump card,
A giant called Goliath
Who wis big, and mean, and hard!

Ah'm telt that he stood ten feet tall
In his stockin feet,
And in aw his years o fightin
He hud never wance been beat.

The archetypal macho man,
So brave he widnae deign
Tae ever wear a thermal vest,
Or a bunnet in the rain!

He aye wis clad frae head tae feet
In armour made o metal,
And in his helmet bore a fair
Resemblance tae a kettle.

And he shouted tae the Israelites,
'Ah don't know why ye came!
Ye're just a bunch o sissies
So ye better aw go hame!

'Ye're only chance tae win the war,
And save ye frae disgrace,
Is tae find a sodger brave enough
Tae fight me face tae face.

'An if he beats me we'll agree
That ye're the wans tae win.
But, as that's no very likely,
Then ye better just gie in!'

Then oan the scene came David,
A shepherd boy tae trade,
And he'd heard aboot Goliath
And the challenge he hud made.

'Ah'll fight him,' said wee Davy.
But everybody laughed.
'Away and bile yer heid,' they said,
'And dinnae be sae daft!'

But Davy wis determined,
So he went tae see King Saul.
'Yer majesty,' he said, 'Please let
Me fight, tae save us all.'

'Ah doot ye're ower young,' said Saul,
'And a wee bit underweight.
Yon Philistine wid huv ye served
Fur denner oan a plate.'

'Ah'm maybe just a boy,' said Dave,
'But Ah'd like a point tae make.
That these days, lookin efter sheep
Is no a piece o cake!

'Ah've hud tae kill a lion or two,
And wance or twice a bear.
So a beast like yon Goliath is,
Well, neither here nor there!'

'Well spoken lad,' the King replied.
'Ah think ye'll dae just fine.
So take ma helmet and ma sword,
And fight the Philistine.'

So Davy pit the helmet oan,
But found he couldnae see.
And furthermore, the weight wis such
He buckled at the knee.

'Ah think Ah'll leave the helmet aff,'
He said, 'So gies a haun.
Fur Ah'll hardly fight Goliath
If Ah cannae even staun!'

So aff he went tae battle
No quite armed tae the hilt.
Fur he only took his shepherd's stick,
And his favourite catapult.

And oot came big Goliath
Tae say his usual bit,
But when he saw wee Davy, well,
He nearly hud a fit!

And he yelled across the valley,
'Ur youse tryin tae take the Mick?
Is this the best that ye can send?
A laddie wi a stick?

'Ah'll tear ye limb frae limb ma lad,
And toss ye far and wide!'
But Dave replied, 'Be careful sir,
Fur God is oan ma side.'

Goliath lunged, but Dave drew back,
And callin on God's name,
He loaded up his catapult
And carefully took aim.

At this point in ma story
Ah huv a tale tae tell.
A secret 'bout Goliath,
That is not known too well.

He loved a game o fitba
Wi the sodgers in the camp,
And amangst the Philistines
He wis the 'keepie-uppie' champ!

Ah also huv tae say that
When they passed the IQs out,
Goliath wisnae in the queue,
So he ended up wi nowt!

Combinin baith these factors then,
The picture that appears,
Is o a fitba lovin giant
Wi a space between his ears.

And so, when big Goliath's mates,
Before he went tae sally,
Reminded him tae 'use the heid',
He took it literally!

Therefore, when Davy fired the stane,
Goliath tried tae heid it!
And he caught the stane between the eyes
And - wallop! - he wis deidit!

So a shepherd boy hud won the day,
Wi just a stick and sling.
And he went oan tae serve the Lord
As Israel's mighty king.

And the moral o the story
Is as simple as it's true,
If ye trust in God and seek His will
Then He'll look efter you.

And even tho' the odds against ye
Seem tae be immense,
Wi God beside ye you huv goat
The ultimate defence!

So when ye're faced wi evil,
Like a giant wi a sword,
Remember Dave, the shepherd boy,
Who triumphed fur the Lord.

So use the heid by all means,
But be sure that you behave
Not stupid, like Goliath,
But wisely - like wee Dave!

Shadrack, Meshack and Abednigo

(Based on Daniel Ch 3)

This tale takes us back
Tae whit now is Iraq,
But in they days wis called Babylonia.
It wis aye hot and dry,
So ye'd probably fry,
But ye widnae catch double pneumonia.

The king at that time,
Whose name defies rhyme,
Wis Nebuchadnezzar, they say.
And at his command
Everywan in the land
Did just whit he said right away.

Noo, fur wan or two Jews
This wis really bad news,
In that far away land long ago,
Like Shadrack and Meshack,
Who lived in a wee shack
Wi their china, Abednigo.

'Cos Neb made a law -
'Twis a stoater an aw -
Fur he built him an image o gold,
And he said, 'Just as soon
As ye hear a wee tune,
Then ye'd better aw dae as ye're told!

'When ma band starts playin,
Ye'd better start prayin,
Unless ye've become suicidal,
And get doon oan yer knees,
Gie yer eyeballs a squeeze,
And worship ma new golden idol!'

Noo, some claimed tae be tone deaf,
And others plain stone deaf,
And thought tae ignore aw the din.
But they didnae prevail,
Fur auld Neb didnae sail
Up the Nile in a banana skin!

So everywan did
Just as they wur bid,
When they heard a tune or a lilt.
Till Shadrack said, 'Shuv it!
Oor God wullnae huv it
So stick that wan right up yer kilt!'

Well, Neb wisnae amused
When he heard they'd refused,
So he said, 'Right! Ah've goat aw yer names.
So Ah'm no sayin please,
Just get doon oan yer knees -
Or Ah'm bungin ye right in the flames!'

They replied wi a grin,
'You wull no make us sin,
So you can just get oan yer bike!
Fur, whatever ye do,
We'll no bow down fur you,
So flamin well dae whit ye like!'

Well Neb took it hard,
And he said tae the guard,
'Chuck them right intae the heater!
Tie them doon wi a strap!
Turn the gas tae the tap!
And pit plenty o shullins in the meter!'

So they grabbed oor three fellies,
And took aff their wellies,
And threw them right in then and there.
And it might huv been tragic,
But Shadrack said, 'Magic!
It's warmer than Largs at the Ferr!'

Then an angel appeared,
And he said, 'Don't be feared!'
And he quickly disposed o their tether.
Then they stood in a ring,
And they hud a wee sing
And a dance, and a bit o a blether.

Well, Neb wis astounded!
Completely dumbfounded!
Amazed and confused through and through!
So he said, 'Dae ye think
We could huv a wee drink,
Till Ah make up ma mind whit tae do?'

So they hud a wee party,
Wi everywan hearty,
Then Neb said, 'Ah make a decree!
If any appear
Jehovah tae smear,
Then they'll huv tae answer tae me!'

So Shadrack and Meshack
Returned tae their wee shack,
And Abednigo went there too.
Fur, because they believed,
God's strength they received -
And the same thing could happen tae you!

Jonah

(Based on Jonah Chs 1 - 4)

This is the story o Jonah,
The Auld Testament prophet o doom.
Who, because he ignored
The command o the Lord,
Ended up in a whale o a tomb!

The problems o Jonah aw started,
When God called him wan late efternoon,
Tae get oan his bike,
Or tae otherwise hike,
Tae a place labelled Ninevah toon.

And there tae tell all o the people
That God wis distinctly dischuffed.
Their sin wis so great,
That their obvious fate
Wis tae be summarily snuffed!

But Jonah wis no fur obeyin,
Tho' his reasons he darenae explain.
So, tae Joppa he goat,
And boarded a boat,
That wis just settin sail aff tae Spain.

His feelins o guilt quickly vanished,
Wi a holiday noo oan the way.
Fur each man must take
The occasional break,
So - viva España - olé!

But God disnae take a vacation.
He works every week o the year.
And He wisnae amused
When Jonah refused,
The command o the Lord tae revere.

So He caused a great storm fur tae build up,
And the boat wis tossed roond and aroond.
And, coincidental,
The crew aw went mental,
Fur fear that they soon wid be drooned.

Noo, the sailors wur very religious,
And they knew that the Lord wis upset
Wi wan o the crew,
Or wi somebody new,
Who'd done somethin they aw wid regret.

So they goat in a huddle wi Jonah,
And discovered just what he hud done.
And they kent right away
It wis his fault that they
Wur no havin what ye'd call fun.

So they asked Jonah whit he intended
Tae do, tae pit everythin right.
And it fair took their breath
When Jonah said death
Wis the only solution in sight.

But they quickly calmed doon when auld Jonah
Explained that he meant just himsel.
And he gave them his leave,
Fur tae gie him a heave,
And tae toss him right intae the swell.

Well, they didnae need further persuasion,
And before you could say, 'Help ma Boab!'
Everywan o the crew
Picked up Jonah and threw,
Proving each wis a true xenophobe!

As soon as he splashed in the watter,
The storm beat a hasty retreat.
Fur God wis appeased,
And the sailors wur pleased,
So they quickly goat offski - tout suite!

Then the Lord God took pity oan Jonah,
Who by now wis quite weakened and pale,
And quickly arranged
A rescue, real strange,
Namely swallowed up live by a whale!

When it happened, well, Jonah wis puzzled.
And he felt in a bit o a tizz.
Fur it wisnae quite ace
In this dark smelly place,
And he didnae ken just where he wis.

And Ah think ye can see his dilemma,
Fur even a genius might fail
Tae quickly surmise,
When he opened his eyes,
He wis inside a dirty great whale!

Now he knew that he wisnae still drownin.
That the danger o dyin hud gone.
But the smell and the dark
Inspired this remark:
'There's somethin real fishy goin on!'

By a process of elimination,
He deduced he wis inside a whale.
The conclusion wis quick,
Fur he'd read Moby Dick,
And often recited the tale.

Fur three days and three nights he lay dozin,
Till the whale swam quite close tae some land.
Then he quickly awoke
When the whale goat the boak,
And spewed Jonah oot oan the sand.

Well, Jonah hud learned his lesson.
And he said tae the Lord, 'Okay doke.
Ma destiny lies
Clearly Ninevah-wise,
Fur that time in the whale wis nae joke.'

So Jonah went aff intae Ninevah,
And telt everywan they wur doomed.
Fur, because o their crime,
In forty days time,
The city wid aw be consumed.

Well, he made such a good job o his warnin,
That everywan goat such a fright.
And so right away,
Frae the very next day,
They started daein everythin right.

And God wis fair pleased wi the people,
And all o the changes He saw.
So He said, 'Fair enough!
Ah wull no be sae tough.'
And proceeded tae pardon them aw.

Well, Jonah wis no at aw happy,
Fur this blow tae his pride made him smart.
And he said, 'Ah just knew
This wid happen the noo,
Fur yon God's a big safty at heart.'

So he went in a huff wi Jehovah,
And sat sulkin under a tree.
But then, through the night,
God arranged fur a blight
Tae cause it tae wither and dee.

'Whit fur did Ye dae that?' asked Jonah.
'It disnae deserve tae be deid.
Noo it's rapidly fadin
An takin the shadin
Away frae the tap o ma heid!'

God answered, 'Ye're dead right, auld Jonah.
Trees should be left as they are.
But, perhaps ye'll agree
That, compared tae a tree,
Men rank much higher by far.

'So don't get yersel in a tizzy.
And dinnae just sit there and fret.
Fur it's surely quite right,
That when folk see the light,
Then Ah dinnae proceed wi ma threat.'

Well, we don't know whit happened thereafter.
And wi Jonah we'll huv nae mair truck.
Tho' the poor guy survived
In the name we contrived
For aw people who bring ye bad luck.

But the lesson tae take frae the story,
Is that God loves mankind quite a lot.
And tho' we might tell
Folk they're destined fur Hell -
We should no be upset if they're not!

Fur, if a result of oor warnin
Is tae cause folk tae stop bein bad,
And as a reward
They are saved by the Lord,
We should surely be happy and glad.

So huv faith in God's power tae change folk.
And just like Ah've said in this rhyme,
Ye'll get satisfaction
Frae people's reaction -
And you'll huv a whale o a time!

Epilogue: Fur Why?

A poem for children and other thinking people

'Spring hus sprung !' Ah hear them say.
Ah wunner why it does?
Whit makes the crocus fur tae croak?
The bees begin tae buzz?

Fur why dae bushes start tae flower?
And trees begin tae bud?
How come that daffies ken it's time
Tae spring frae oot the mud?

And whaur dae sparras come frae?
And the burds ye see each year,
How is it that they ken tae fly
Tae come each year tae here?

Ah wunner if by now ye've found
That grown-ups dinnae ken.
They cannae answer questions like:
'Whit makes an egg a hen?'

They always say: 'Ah'll tell ye when
Ye're auld enough tae hear.'
Which really means: 'Ah huvnae goat
The foggiest idea!'

Whit they dinnae realise
Is, at oor Sunday Schools,
We've learnt that God's the gaffer,
And it's Him who kens the rules.

Ah'm sure they must huv learnt that too,
But noo they've aw forgot.
They think because they're auld they huv
Tae understand the lot.

And they really get defensive
When it's clear they dinnae know.
So they gie ye aw that flannel
In the hope it disnae show.

But dinnae get doonherted
If yer questions gie them fright.
And if they say: 'God only knows!'
Just you reply: 'Ye're right!'

Glossary

aboot	about
Ah	I
aff	off
ain	own
alang	along
amangst	amongst
an aw	too
auld	old
aw	all
awfy	awful/very
aye	always
bairns	children
baith	both
bampot	crazy person
bevvy	drinking session
bile	boil
blaw	blow
blest	blessed
blether	chat
boak	retch
brek	break/relief
bungin	throwing
bunnet	bonnet, cap
burd	bird
CalMac	a ferry company
cannae	can't
chaff	to kid, joke
chaffoors	chauffeurs
chappin	knocking
china	affectionate term similar to 'mate'
chuffed	pleased, happy
clype	telltale
comfy	comfortable
'cos	because
couldnae	couldn't
dae	do

daffies	daffodils
daud	a piece or a lump
dee	die
deid	dead
deidit	killed
denner	dinner
didnae	didn't
dinnae	don't
dischuffed	fed-up (opposite of 'chuffed')
doesnae	doesn't
doon	down
doot	doubt
drap	drop
droon	drown
dug	dog
efter	after
efternoon	afternoon
e'er	ever
everywan	everyone
Faither	Father
fas	falls
feared	afraid
Ferr	the annual Glasgow trades holiday
fitba	football
flair	floor
flue	chimney
forgoat	forgot
frae	from
fu	full
fur	for
gaga	crazy
gaun yersel!	a cry of encouragement (literally meaning 'go on yourself!')
gaunae	going to
gie	give
gied	given
ginormous	enormous
giein	giving
giein it laldy	acting with enthusiasm
goat	got

greet	cry
groond	ground
guid	good
hale	whole
hae	have
hame	home
haud	hold
hauf	half
haun	hand
heehaw	not the slightest bit, or nothing at all
heid	head
hert	heart
hoor	hour
hoose	house
hud	had
hudnae	hadn't
hunkers	haunches
hunky-dory	fine, excellent
hunner	hundred
hus	has
huv	have
intae	into
itsel	itself
jig-time	quickly, on the double
keepie-uppie	juggling a football with one's head
ken	know
kent	knew
kinda	a bit/kind of
lang	long
lip	cheek
looney	stupid person
ma	my
mair	more
maist	most
mak	make
masel	myself
maw	mother
menage	a local savings club
mental	crazy
nae	no

naebody	nobody
nane	none
navvy	manual labourer
ned(s)	young hooligan(s)
no	not
noo	now
o	of
oan	on
ony	any
oor	our
oot	out
ower	over/too
paw	father
pit	put
plywid	plywood
rerr	rare/special
roond	(a)round
sae	so
safty	softy
seik	sick
selt	sold
sharely	surely
shattered	exhausted
shullins	shillings
shuv	shove
skedaddle	leave quickly
sma'	small
sodger	soldier
sparras	sparrows
staun	stand
stoater	a remarkable, exciting event or person
stoatin	remarkable
strang	strong
sweetie-wife	gossip
tae	to
taegither	together
tak	take
tap	top
telt	told

thrapple(s)	throat(s)
'twis	it was
umpteenth	indicates many times, e.g. umpeenth occasion
wa'/wa's	wall/walls
wallop	hit
wan(s)	one(s)
wance	once
watter	water
wean	child
whaur	where
whit	what
wi	with
wid	would
widnae	wouldn't
wir	were
wis	was
wisnae	wasn't
wrang	wrong
wull	will
wullnae	won't
wunner	wonder
wur	were
wurnae	weren't
ye	you
yer	your
yersel	yourself
ye've	you've
yit	yet
yon	that/yonder
youse	you (plural)